# Guide complet pour réussir la location de votre chambre sur Airbnb

De l'espace inutilisé à un revenu complémentaire substantiel

Par

Théo Labranche

# *Table des matières :*

INTRODUCTION
**Pourquoi louer votre chambre sur Airbnb ?**
- Générez un revenu complémentaire significatif
- Rentabilisez un espace sous-utilisé
- Rencontrez des personnes du monde entier
- Développez de nouvelles compétences (gestion, communication, entrepreneuriat)
- Valorisez votre bien immobilier
- Bénéficiez d'une flexibilité que l'emploi traditionnel n'offre pas

**Évaluez votre potentiel**
- Analysez la demande dans votre zone
- Vérifiez les réglementations locales
- Estimez vos revenus potentiels
- Évaluez votre disponibilité et votre confort personnel

**Préparez votre espace**
- Aménagez la chambre pour les voyageurs
- Assurez la sécurité et l'intimité
- Créez des espaces communs accueillants
- Installez les équipements essentiels

**Établissez votre offre**

- Déterminez vos tarifs
- Définissez vos règles de maison
- Choisissez vos critères d'acceptation des voyageurs
- Décidez des services inclus et optionnels

**Créez votre annonce Airbnb**
- Prenez des photos de qualité
- Rédigez un titre accrocheur
- Écrivez une description détaillée et attrayante
- Listez précisément les équipements et les règles

**Optimisez votre profil d'hôte**
- Complétez toutes les informations de votre profil
- Ajoutez une photo et une bio engageantes
- Vérifiez votre identité sur la plateforme
- Obtenez les badges pertinents (ex: adapté aux voyages d'affaires)

**Lancez votre activité**
- Activez votre annonce
- Paramétrez votre calendrier de disponibilité
- Configurez les réservations instantanées (si souhaité)
- Préparez vos messages d'accueil automatiques

**Gérez vos premières réservations**
- Répondez rapidement aux demandes

- Communiquez clairement avec les voyageurs
- Préparez un accueil chaleureux
- Assurez-vous que tout est parfait pour le séjour

**Offrez une expérience mémorable**
- Soyez disponible et attentif
- Fournissez des informations locales utiles
- Respectez l'intimité de vos hôtes
- Gérez efficacement les situations imprévues

**Collectez et gérez les avis**
- Encouragez les voyageurs à laisser des avis
- Répondez à tous les commentaires de manière professionnelle
- Utilisez les retours pour vous améliorer constamment
- Gérez les avis négatifs avec tact

**Optimisez et développez votre activité**
- Analysez vos performances régulièrement
- Ajustez vos tarifs et votre offre en fonction de la demande
- Visez le statut de Superhost
- Envisagez d'étendre votre offre (expériences, autres espaces)

**Gérez les aspects financiers et légaux**
- Tenez une comptabilité précise
- Déclarez vos revenus correctement
- Souscrivez une assurance adéquate

Restez informé des évolutions réglementaires

**Maintenez l'équilibre travail-vie personnelle**

Établissez des limites claires

Automatisez ce qui peut l'être

Prévoyez des périodes de non-disponibilité

Évaluez régulièrement votre satisfaction personnelle

CONCLUSION

Copyright © 2024

Tous droits réservés.

Tous droits de reproduction, d'adaptation et de traduction, intégrale ou partielle réservés pour tous pays. L'auteur est seul propriétaire des droits et responsable du contenu de ce livre.

Le Code de la propriété intellectuelle interdit les copies ou reproductions destinées à une utilisation collective. Toute représentation ou reproduction intégrale ou partielle faite par quelque procédé que ce soit, sans le consentement de l'auteur ou de ses ayant droit ou ayant cause, est illicite et constitue une contrefaçon, aux termes des articles L.335-2 et suivants du Code de la propriété intellectuelle.

# INTRODUCTION

Bienvenue dans ce guide complet conçu pour vous accompagner pas à pas dans la transformation de votre espace inutilisé en une source de revenu complémentaire substantiel grâce à Airbnb. Que vous soyez déjà familier avec la plateforme ou que vous envisagiez de louer votre chambre pour la première fois, ce livre vous fournira toutes les clés pour réussir votre projet.

Airbnb a révolutionné la manière dont nous voyageons et interagissons avec le monde, offrant aux hôtes la possibilité de partager leur espace avec des voyageurs venus des quatre coins du globe. Mais au-delà de l'aspect financier, louer sur Airbnb c'est aussi une aventure humaine enrichissante, une opportunité de rencontres et un moyen de développer de nouvelles compétences en gestion, communication et même en entrepreneuriat.

Toutefois, réussir en tant qu'hôte sur Airbnb ne s'improvise pas. Il ne s'agit pas simplement de publier une annonce et d'attendre que les réservations affluent. Il est crucial de bien se préparer, de comprendre les attentes des voyageurs, de maîtriser les aspects légaux et financiers, et de savoir offrir une expérience mémorable à vos invités.

Ce guide a été conçu pour vous aider à naviguer à travers toutes les étapes, des premières réflexions sur la rentabilité de votre projet à l'optimisation continue de votre activité, en passant par l'aménagement de votre espace et la gestion des premières réservations. Vous découvrirez comment maximiser vos revenus, tout en créant un environnement accueillant et sécurisé pour vos voyageurs.

À la fin de cette lecture, vous serez équipé pour aborder chaque aspect de la location sur Airbnb avec confiance et savoir-faire. Que vous cherchiez à générer un revenu complémentaire, à rentabiliser un espace sous-utilisé, ou simplement à vivre une nouvelle aventure, ce livre est votre compagnon idéal pour réussir.

Prêt à transformer votre chambre en une source de revenu tout en offrant une expérience unique à vos voyageurs ? Alors, commençons cette aventure ensemble.

# Pourquoi louer votre chambre sur Airbnb ?

La location de votre chambre sur Airbnb peut être bien plus qu'une simple opportunité de gain. Elle offre une multitude d'avantages qui vont au-delà de la simple transaction financière. Explorons en détail pourquoi ce choix pourrait être l'une des décisions les plus judicieuses que vous puissiez prendre pour optimiser l'utilisation de votre espace et enrichir votre vie.

## Générez un revenu complémentaire significatif

L'une des principales raisons pour lesquelles des millions de personnes choisissent de louer une chambre sur

Airbnb est la possibilité de générer un revenu complémentaire. Que vous cherchiez à payer vos factures, à financer un projet personnel, ou simplement à augmenter votre pouvoir d'achat, louer une chambre peut vous offrir un flux de trésorerie non négligeable. Prenons l'exemple de Marie, une enseignante à mi-temps qui a réussi à doubler son revenu en louant une chambre inoccupée dans son appartement parisien. En ajustant ses tarifs en fonction des saisons et en proposant des services supplémentaires, comme un petit-déjeuner maison, Marie a transformé son espace inutilisé en une véritable source de revenu.

## Rentabilisez un espace sous-utilisé

Beaucoup de foyers ont des chambres qui restent inoccupées la plupart du temps, qu'il s'agisse d'une ancienne chambre d'enfant désormais vide, d'une chambre d'ami rarement utilisée, ou même d'un espace que vous n'utilisez qu'occasionnellement. Plutôt que de laisser cet espace prendre la poussière, pourquoi ne pas le mettre à profit

? Par exemple, Paul, un jeune professionnel vivant seul dans une maison de trois chambres, a décidé de louer deux chambres sur Airbnb. Plutôt que de percevoir ces espaces comme des fardeaux, il les a transformés en une source de revenus qui lui a permis d'accélérer le remboursement de son prêt immobilier.

## Rencontrez des personnes du monde entier

Louer une chambre sur Airbnb ne se résume pas uniquement à des transactions monétaires. C'est aussi une formidable occasion de rencontrer des personnes venues des quatre coins du globe. Chaque voyageur apporte avec lui ses histoires, ses cultures, et ses perspectives uniques. Claire, une hôte expérimentée, se souvient encore des nombreuses soirées passées à discuter avec des voyageurs de différents pays, découvrant ainsi des cultures et des modes de vie qu'elle n'aurait jamais pu connaître autrement. Ces rencontres ont enrichi sa vie au-delà de ce qu'elle aurait pu imaginer, transformant sa maison en un véritable carrefour culturel.

## Développez de nouvelles compétences (Gestion, communication, entrepreneuriat)

Être hôte sur Airbnb vous permettra de développer un ensemble de compétences précieuses. La gestion de votre location, de la planification des réservations à la préparation de l'espace pour chaque invité, vous donnera une expérience précieuse en gestion de projet. De plus, la communication avec vos voyageurs vous aidera à affiner vos compétences interpersonnelles et à améliorer votre capacité à résoudre les problèmes de manière efficace. Martin, un entrepreneur en herbe, a découvert que l'expérience d'hôte lui a offert un terrain d'entraînement idéal pour tester ses compétences en gestion d'entreprise, l'amenant à développer une offre plus complète qui inclut des services de guide touristique.

## Valorisez votre bien immobilier

Louer une chambre sur Airbnb peut également contribuer à valoriser votre bien immobilier. En aménageant la chambre pour qu'elle soit accueillante et fonctionnelle, vous investissez dans l'amélioration de votre propriété. Une chambre bien entretenue, équipée des dernières technologies et décorée avec goût, peut non seulement attirer davantage de voyageurs, mais aussi augmenter la valeur globale de votre bien. Jacques, propriétaire d'une maison dans le sud de la France, a utilisé ses revenus d'Airbnb pour rénover sa maison. Ce faisant, il a non seulement augmenté ses revenus locatifs, mais a également accru la valeur de sa propriété sur le marché immobilier.

## Bénéficiez d'une flexibilité que l'emploi traditionnel n'offre pas

Enfin, louer une chambre sur Airbnb vous offre une flexibilité que peu d'emplois traditionnels peuvent offrir. Vous choisissez quand vous souhaitez louer votre espace, et vous avez la possibilité de bloquer des dates pour votre usage personnel à tout moment. Ce niveau de contrôle vous permet d'adapter la location à votre style de vie, que vous soyez étudiant, retraité, ou travailleur à temps partiel. Par exemple, Julie, une artiste indépendante, loue sa chambre uniquement durant les périodes où elle sait qu'elle ne sera pas à la maison, lui offrant ainsi une liberté totale sur son emploi du temps tout en générant des revenus supplémentaires.

En résumé, louer votre chambre sur Airbnb présente de nombreux avantages, allant du gain financier à l'enrichissement personnel et au développement de nouvelles compétences. Que vous souhaitiez rentabiliser un espace sous-utilisé, rencontrer des personnes fascinantes, ou simplement bénéficier d'une flexibilité accrue, cette expérience pourrait bien être l'opportunité que vous attendiez pour transformer votre quotidien.

# Évaluez votre potentiel

Avant de vous lancer dans l'aventure Airbnb, il est crucial d'évaluer votre potentiel en tant qu'hôte. Cette étape vous permet non seulement de comprendre les opportunités qui s'offrent à vous, mais aussi de vous préparer à maximiser vos revenus tout en assurant une gestion fluide de votre activité.

## Analysez la demande dans votre zone

La première étape pour évaluer votre potentiel est de comprendre la demande locale. Si vous vivez dans une zone touristique ou près de points d'intérêt, il est probable que la demande soit élevée. Utilisez des outils comme AirDNA ou des recherches sur Airbnb pour analyser les taux d'occupation, les prix moyens et la saisonnalité dans votre région. Par exemple, un hôte à Beaune a remarqué une forte demande pendant la période des vendanges et a ajusté ses prix en conséquence, augmentant ainsi ses revenus de 20% sur cette période. En étudiant ces données, vous pouvez déterminer si la location courte durée est une option viable et rentable pour vous.

## Vérifiez les réglementations locales

Les réglementations peuvent varier considérablement d'une ville à l'autre, voire d'un quartier à l'autre. Il est essentiel de vérifier les règles en vigueur dans votre localité concernant la location de courte durée. Certaines villes imposent des limites au nombre de jours où vous pouvez louer votre logement, d'autres exigent des permis spécifiques ou des déclarations fiscales. Un hôte à Hendaye, par exemple, a dû adapter son activité après avoir découvert que sa ville limitait les locations à 120 jours par an sans autorisation spéciale. Ignorer ces règles peut entraîner des amendes ou même l'interdiction de louer votre bien, ce qui peut nuire gravement à votre activité.

## Estimez vos revenus potentiels

Une fois que vous avez une idée claire de la demande et des réglementations, il est temps d'estimer vos revenus potentiels. Pour ce faire, examinez les prix pratiqués par des hôtes similaires dans votre région. Prenez en compte la taille de votre logement, ses équipements, et son emplacement. Utilisez des calculateurs en ligne pour obtenir une estimation précise de ce que vous pourriez gagner. Par exemple, un hôte dans le Sud de la France a utilisé ces outils pour découvrir qu'il pouvait générer jusqu'à 15 000 euros par an en louant son studio en bord de mer. Cette estimation vous permettra de fixer des objectifs réalistes et de planifier votre activité en conséquence.

## Évaluez votre disponibilité et votre confort personnel

Enfin, il est important de réfléchir à votre propre disponibilité et à votre confort personnel en tant qu'hôte. Êtes-vous prêt à gérer les réservations, les arrivées, les départs, et les éventuels problèmes qui peuvent survenir pendant le séjour des voyageurs ? Certaines personnes trouvent cette activité enrichissante, tandis que d'autres préfèrent déléguer une partie de la gestion à un service de conciergerie. Un hôte à Carcassonne a choisi cette option après s'être rendu compte qu'il n'avait pas le temps de gérer les interactions quotidiennes avec les voyageurs tout en conservant son emploi à temps plein. Assurez-vous que la gestion d'une location Airbnb s'intègre bien dans votre emploi du temps et votre style de vie, sans créer de stress ou de contraintes supplémentaires.

En évaluant soigneusement ces aspects, vous serez mieux préparé à exploiter tout le potentiel de votre bien sur Airbnb et à maximiser vos revenus tout en maintenant un bon équilibre entre votre vie personnelle et professionnelle.

# Préparez votre espace

La préparation de votre espace est une étape cruciale pour assurer une expérience agréable et confortable à vos voyageurs. Un espace bien aménagé, sécurisé et équipé joue un rôle déterminant dans la satisfaction de vos hôtes, ce qui se reflétera dans leurs avis et, à terme, dans votre succès en tant qu'hôte sur Airbnb.

## Aménagez la chambre pour les voyageurs

L'aménagement de la chambre est la première chose que vos voyageurs remarqueront en arrivant chez vous. Il est donc essentiel de créer un environnement accueillant, confortable, et fonctionnel. Pensez à chaque détail, du choix des couleurs à l'agencement des meubles. Optez pour des tons neutres et apaisants qui plairont à un large éventail de personnes. Par exemple, Sophie, une hôte qui loue une chambre dans son appartement parisien, a choisi une palette de couleurs douces et a ajouté des touches de décoration locale, comme des photographies encadrées des monuments parisiens, pour créer une ambiance à la fois moderne et chaleureuse.

L'espace de rangement est également essentiel. Assurez-vous que les voyageurs disposent d'un espace suffisant pour ranger leurs affaires. Cela peut inclure une armoire ou une commode, ainsi que des cintres et des étagères. L'ajout de détails pratiques comme une table de nuit avec une lampe de lecture, des prises électriques à proximité du lit, et un miroir en pied montre que vous avez pensé aux besoins quotidiens de vos hôtes.

## Assurez la sécurité et l'intimité

La sécurité et l'intimité de vos hôtes doivent être une priorité absolue. Assurez-vous que la chambre dispose d'une serrure à clé, permettant ainsi à vos voyageurs de se sentir en sécurité et d'avoir un espace privé où se retirer. Certains hôtes, comme Marc, ont installé des serrures numériques pour offrir à leurs invités une sécurité renforcée et une plus grande commodité. Ce type de serrure permet également de changer facilement le code entre chaque réservation, ajoutant une couche de sécurité supplémentaire.

Vérifiez également que toutes les fenêtres de la chambre sont en bon état et qu'elles se ferment correctement. Des rideaux ou des stores opaques sont également recommandés pour garantir l'intimité de vos hôtes, surtout si la chambre donne sur une rue ou un espace commun.

En termes de sécurité, pensez aussi aux détecteurs de fumée et de monoxyde de carbone. Ces dispositifs doivent être installés non seulement dans la chambre, mais aussi dans les espaces communs. Assurez-vous qu'ils sont en bon état de fonctionnement et qu'ils sont régulièrement testés. Fournir une petite trousse de premiers secours accessible est également une attention qui peut faire toute la différence en cas de besoin.

## Créez des espaces communs accueillants

Les espaces communs sont souvent le lieu où les interactions entre hôtes et voyageurs se produisent. C'est là que se joue une grande partie de l'expérience conviviale que vous offrez. Veillez à ce que ces espaces soient chaleureux, accueillants, et bien organisés. Par exemple, Clara, une hôte dans le sud de la France, a aménagé son salon avec des meubles confortables, des coussins colorés, et des plantes d'intérieur pour créer un espace où les voyageurs se sentent immédiatement chez eux.

Un coin salon avec des livres, des magazines, ou même des jeux de société peut encourager les voyageurs à se détendre et à passer du temps dans les espaces communs. Si vous avez une salle à manger partagée, veillez à ce qu'elle soit conviviale, avec une table suffisamment grande pour accueillir plusieurs personnes. L'ajout d'une cafetière ou d'une bouilloire avec une sélection de thés et de cafés peut également être une petite attention très appréciée.

## Installez les équipements essentiels

Enfin, pour garantir le confort de vos voyageurs, il est indispensable d'installer les équipements essentiels. Commencez par le lit, qui doit être confortable et de bonne qualité. Investissez dans un matelas qui offre un bon soutien, des draps propres et de qualité, et plusieurs types d'oreillers pour satisfaire les préférences variées de vos hôtes. Pour les périodes plus fraîches, assurez-vous que des couvertures supplémentaires sont disponibles.

Pensez également à équiper la chambre d'un bureau ou d'un espace de travail, surtout si vous accueillez des voyageurs d'affaires. Incluez une chaise ergonomique, une lampe de bureau, et des prises accessibles pour charger les appareils électroniques. Louison, une hôte à Dijon, a remarqué une augmentation des réservations après avoir ajouté un espace de travail dans la chambre, ce qui a attiré davantage de voyageurs professionnels.

L'accès à Internet est désormais un must pour tout voyageur. Assurez-vous que le Wi-Fi est rapide et fiable, et n'oubliez pas de laisser les instructions de connexion bien visibles dans la chambre. Un code d'accès à Internet imprimé et encadré près du bureau ou du lit est une solution simple et efficace.

En plus des éléments essentiels, envisagez d'ajouter quelques extras qui amélioreront l'expérience de vos voyageurs, comme un petit réfrigérateur, une bouilloire, des tasses, ou même un plateau de courtoisie avec des en-cas. Ces petites attentions montrent que vous avez pensé à leur confort et peuvent transformer un bon séjour en une expérience mémorable.

En conclusion, préparer votre espace pour accueillir des voyageurs sur Airbnb nécessite une attention particulière aux détails. En aménageant une chambre confortable, en assurant la sécurité et l'intimité, en créant des espaces communs accueillants, et en installant les équipements essentiels, vous vous assurez non seulement des avis positifs, mais vous contribuez également à créer des souvenirs durables pour vos hôtes.

# Établissez votre offre

Établir une offre claire et attractive est essentiel pour attirer les bons voyageurs et maximiser vos revenus sur Airbnb. Une offre bien définie comprend plusieurs éléments clés : des tarifs justes, des règles de maison explicites, des critères d'acceptation des voyageurs bien pensés, ainsi que des services inclus ou optionnels qui répondent aux attentes de vos hôtes.

## Déterminez vos tarifs

La tarification est l'un des aspects les plus stratégiques de votre offre. Elle doit refléter la qualité de l'hébergement, la demande locale, ainsi que la saisonnalité. Pour fixer vos tarifs, commencez par analyser les prix des hébergements similaires dans votre quartier. Consultez Airbnb et d'autres plateformes pour voir ce que les autres hôtes proposent. Si vous habitez dans une ville très touristique comme Paris ou Nice, vous constaterez peut-être que les prix varient considérablement selon la période de l'année. Par exemple, un hôte à Bordeaux a décidé d'ajuster ses prix pour la période du festival Vinexpo, augmentant ses tarifs de 30 % en raison de la forte demande.

Il est également important de rester flexible avec vos tarifs. Pensez à utiliser la fonction de tarification dynamique proposée par Airbnb, qui ajuste automatiquement vos prix en fonction de la demande. Par exemple, Oliver, un hôte en Dordogne, a remarqué une augmentation de ses réservations après avoir activé cette option, car ses prix étaient toujours compétitifs et adaptés à la demande du marché.

N'oubliez pas non plus d'inclure tous les coûts dans vos calculs : nettoyage, entretien, consommation d'énergie, et les éventuels frais de service Airbnb. Ces éléments doivent être intégrés dans le tarif final pour éviter les mauvaises surprises.

# Définissez vos règles de maison

Les règles de maison sont cruciales pour établir des attentes claires avec vos voyageurs et prévenir les conflits. Elles doivent être précises et couvrent des aspects comme les horaires d'arrivée et de départ, l'utilisation des espaces communs, le bruit, et les comportements acceptables. Par exemple, si vous habitez dans un immeuble avec des voisins sensibles au bruit, spécifiez des heures de silence, comme l'a fait Teresa, une hôte dans le Cher. Elle a clairement indiqué que les voyageurs devaient éviter les fêtes et respecter le silence après 22 heures, ce qui a considérablement réduit les plaintes de ses voisins.

Incluez également des informations sur l'utilisation des équipements, comme la cuisine ou la buanderie. Si vous préférez que les voyageurs ne cuisinent pas des plats à forte odeur, précisez-le dans vos règles de maison. Cela aide à éviter des malentendus et à maintenir une bonne entente entre vous et vos hôtes.

Enfin, soyez explicite sur les politiques concernant les invités supplémentaires, les animaux de compagnie, ou le tabagisme. Par exemple, Albert, un hôte dans le Larzac, a interdit le tabac à l'intérieur de son logement en raison de sa sensibilité à la fumée, mais a aménagé un petit espace extérieur pour les fumeurs. Cette solution a satisfait à la fois les besoins des voyageurs et ceux d'Albert.

## Choisissez vos critères d'acceptation des voyageurs

Choisir les bons critères d'acceptation est un autre aspect crucial pour garantir une expérience positive pour vous et vos hôtes. Sur Airbnb, vous pouvez définir des critères tels que les avis des anciens hôtes, une vérification de l'identité, ou même l'exigence d'une photo de profil. Par exemple, Clarisse, une hôte à Strasbourg, accepte uniquement les voyageurs ayant au moins une évaluation positive et dont le profil est complet. Cela lui permet de se sentir plus en sécurité et de réduire les risques de problèmes.

Vous pouvez également personnaliser les critères en fonction de votre confort personnel. Par exemple, si vous partagez votre logement avec des enfants, vous pourriez préférer n'accepter que des familles ou des couples tranquilles, comme le fait Jean-Luc, un hôte à Figeac, qui a remarqué que les familles respectaient davantage les règles de la maison.

Assurez-vous aussi d'être clair dans votre annonce sur le type de voyageurs que vous préférez accueillir, que ce soit des professionnels en déplacement, des touristes, ou des étudiants. Cette clarté aide à attirer les voyageurs qui correspondent le mieux à votre logement et à vos attentes.

## Décidez des services inclus et optionnels

Les services inclus et optionnels peuvent différencier votre offre et attirer des voyageurs qui recherchent une expérience spécifique. Les services inclus, comme le Wi-Fi gratuit, les draps et serviettes propres, ou les articles de toilette de base, sont souvent attendus par les voyageurs et peuvent améliorer leur expérience. Par exemple, Marie-Hélène, une hôte à Maubeuge, propose un petit-déjeuner simple avec des produits locaux, ce qui a valu à son annonce de nombreux commentaires élogieux.

Les services optionnels, quant à eux, peuvent être un moyen d'augmenter vos revenus tout en offrant plus de confort à vos hôtes. Vous pourriez proposer un service de blanchisserie, une location de vélos, ou même des visites guidées locales. Par exemple, Jean-David, un hôte à Aix-en-Provence, propose à ses hôtes une visite de la ville avec lui pour un petit supplément, ce qui a non seulement augmenté ses revenus mais a également enrichi l'expérience de ses voyageurs.

Soyez cependant transparent sur les coûts supplémentaires. Indiquez clairement dans votre annonce ce qui est inclus dans le tarif de base et ce qui est disponible moyennant un supplément. Cela évite toute confusion et garantit que vos hôtes savent exactement à quoi s'attendre.

En conclusion, établir une offre bien définie demande réflexion et planification, mais c'est un investissement qui porte ses fruits en termes de satisfaction des hôtes et de rentabilité. En définissant des tarifs appropriés, en établissant des règles de maison claires, en sélectionnant soigneusement vos voyageurs, et en proposant des services qui répondent aux besoins de vos hôtes, vous pouvez créer une expérience positive qui se traduira par de bons avis, des réservations régulières, et un revenu complémentaire stable.

# Créez votre annonce Airbnb

Créer une annonce Airbnb efficace est une étape cruciale pour attirer des voyageurs et maximiser vos chances de réservations. Une annonce bien conçue se compose de plusieurs éléments clés : des photos de qualité, un titre accrocheur, une description détaillée et attrayante, ainsi qu'une liste précise des équipements et des règles de maison. Ensemble, ces éléments forment une présentation complète de votre logement, permettant aux voyageurs de se projeter et de choisir votre espace parmi les nombreuses offres disponibles.

## Prenez des photos de qualité

Les photos sont souvent la première chose que les voyageurs regardent lorsqu'ils parcourent les annonces sur Airbnb. Des images de qualité peuvent faire la différence entre une réservation et un clic vers une autre annonce. Investir du temps et peut-être un peu d'argent pour obtenir des photos professionnelles est donc un excellent choix.

Assurez-vous que les photos montrent votre espace sous son meilleur jour. Prenez vos photos en plein jour, lorsque la lumière naturelle est abondante. Ouvrez les rideaux, allumez les lumières, et arrangez la chambre de manière accueillante. Montrez chaque pièce, en mettant l'accent sur les détails qui rendent votre logement unique. Par exemple, si votre chambre d'hôte dispose d'une vue imprenable sur la mer ou d'une terrasse ensoleillée, assurez-vous que cela soit bien capturé.

Un exemple parlant est celui de Sophia, une hôte à Annecy, qui a remarqué une augmentation significative de ses réservations après avoir remplacé ses photos amateurs par des images professionnelles. Les nouvelles photos mettaient en avant la luminosité et la décoration chaleureuse de son appartement, ce qui a attiré plus de voyageurs, séduits par l'ambiance conviviale que les images transmettaient.

N'oubliez pas de photographier également les équipements et les espaces communs, comme la cuisine ou le salon, pour que les voyageurs puissent se faire une idée complète de l'expérience qu'ils vivront chez vous.

## Rédigez un titre accrocheur

Le titre de votre annonce est la première chose que les voyageurs liront, et il doit capter leur attention en quelques secondes. Un bon titre doit être court, mais informatif, et mettre en avant les points forts de votre logement.

Pensez aux éléments qui rendent votre logement unique et mentionnez-les dans le titre. Par exemple, si vous proposez une chambre avec vue sur la tour Eiffel, un titre comme "Chambre cosy avec vue imprenable sur la tour Eiffel" pourrait attirer l'attention. Si votre logement est idéalement situé, mettez en avant la proximité avec des attractions touristiques ou des quartiers populaires, comme "Studio moderne à 5 min du centre historique".

Un autre exemple est celui de Marius, un hôte à Bordeaux, qui a attiré plus de voyageurs après avoir changé son titre pour "Appartement design au cœur du quartier Saint-Pierre". Ce nouveau titre mettait en avant l'atout principal de son logement, à savoir son emplacement dans un des quartiers les plus recherchés de la ville.

## Écrivez une description détaillée et attrayante

La description est l'endroit où vous pouvez vraiment vendre votre espace. Elle doit être détaillée, honnête, et donner envie aux voyageurs de choisir votre logement. Décrivez l'aménagement de votre espace, les équipements disponibles, et ce qui rend votre logement spécial. Soyez précis sur la taille des pièces, les types de lits, et les commodités disponibles.

N'hésitez pas à raconter une petite histoire autour de votre logement pour le rendre plus attractif. Par exemple, si votre maison a une histoire particulière, comme une vieille ferme rénovée ou un loft dans un bâtiment historique, mentionnez-le. Cela aide les voyageurs à se projeter et à se sentir connectés à l'endroit.

Pensez aussi à anticiper les questions que les voyageurs pourraient se poser. Indiquez si la cuisine est équipée pour préparer des repas, si le Wi-Fi est rapide, ou si le quartier est calme la nuit. Mentionnez également les points d'intérêt à proximité, comme les restaurants, les musées, ou les transports en commun.

Sarah, une hôte à Montélimar, a par exemple réussi à se démarquer en ajoutant une description chaleureuse de son quartier, soulignant les cafés et les boutiques de créateurs qui l'entourent, ce qui a séduit de nombreux voyageurs en quête d'une expérience locale authentique.

## Listez précisément les équipements et les règles

La transparence est essentielle pour éviter les malentendus et s'assurer que les voyageurs savent exactement ce qu'ils vont trouver en arrivant. Listez tous les équipements disponibles dans votre logement, même les plus basiques, comme le Wi-Fi, la télévision, la climatisation, le sèche-cheveux, etc. Si vous proposez des équipements spéciaux comme une machine à café haut de gamme, une baignoire spa, ou des jeux pour enfants, assurez-vous de les mentionner, car ils peuvent être des arguments décisifs pour certains voyageurs.

Il est aussi important de préciser les règles de la maison pour que les voyageurs sachent à quoi s'attendre. Indiquez clairement les horaires d'arrivée et de départ, les règles concernant le bruit, les invités supplémentaires, ou encore le nettoyage des lieux. Par exemple, si vous demandez aux voyageurs de trier leurs déchets ou de ne pas fumer à l'intérieur, inscrivez-le dans les règles. C'est ce qu'a fait Christelle, une hôte à Menton, en précisant que le tri des déchets était obligatoire et que les voyageurs devaient déposer leurs poubelles dans le local prévu à cet effet avant de partir. Cette clarté a permis d'éviter des situations désagréables et a favorisé une meilleure entente avec ses hôtes.

En résumé, créer une annonce Airbnb attrayante et détaillée demande de la réflexion et du soin. Des photos de qualité, un titre accrocheur, une description riche et précise, ainsi qu'une liste exhaustive des équipements et des règles permettent de présenter votre logement sous son meilleur jour. En investissant du temps pour soigner ces aspects, vous maximisez vos chances de capter l'attention des voyageurs et de leur offrir une expérience inoubliable, ce qui se traduira par des avis positifs et des réservations régulières.

# Optimisez votre profil d'hôte

Optimiser votre profil d'hôte sur Airbnb est une étape cruciale pour instaurer la confiance avec vos futurs voyageurs. Un profil complet, engageant, et authentique peut grandement influencer la décision d'un voyageur de réserver chez vous plutôt que chez un autre hôte. Ce chapitre vous guide pour maximiser l'impact de votre profil et attirer plus de réservations en suivant des pratiques éprouvées.

## Complétez toutes les informations de votre profil

Un profil incomplet peut donner l'impression d'un hôte désorganisé ou peu investi dans l'expérience de ses voyageurs. Prenez donc le temps de remplir chaque section du profil avec des informations précises et pertinentes. Commencez par indiquer votre nom complet, votre localisation, et éventuellement votre profession, surtout si elle est liée à l'hospitalité ou au service à la clientèle.

Assurez-vous également de mentionner vos langues parlées, ce qui est un point important pour les voyageurs internationaux. Par exemple, si vous parlez couramment l'anglais et l'espagnol, indiquez-le clairement. Cela peut rassurer des voyageurs non francophones sur la facilité de communication lors de leur séjour.

Sophie, une hôte en Provence, a vu une nette augmentation de ses réservations après avoir pris le temps de compléter son profil. Elle a ajouté des détails sur sa vie à la campagne, expliquant qu'elle est passionnée de jardinage et adore partager ses connaissances sur les plantes locales avec ses voyageurs. Ces informations personnelles ont contribué à créer une connexion avec les voyageurs dès le premier contact.

## Ajoutez une photo et une bio engageantes

Votre photo de profil est la première image que les voyageurs verront de vous, il est donc important qu'elle soit engageante et reflète une attitude chaleureuse. Optez pour une photo claire et récente où vous souriez. Évitez les photos de groupe ou les images floues. Une bonne photo montre que vous êtes une personne réelle et accessible, ce qui peut rassurer les voyageurs.

Votre biographie est l'endroit où vous pouvez vraiment vous démarquer en tant qu'hôte. Elle doit être sincère et donner un aperçu de qui vous êtes, de vos passions, et de votre style de vie. Parlez de vos motivations à accueillir des voyageurs, ce que vous aimez dans cette expérience, et comment vous vous assurez que vos invités passent un bon séjour.

Par exemple, Sébastien, un hôte en Bourgogne, a mentionné dans sa bio qu'il est un amateur de vin et qu'il propose souvent une dégustation de vins locaux à ses invités. Cette petite touche personnelle a attiré des voyageurs intéressés par la culture vinicole, ce qui a conduit à des expériences enrichissantes pour les deux parties.

## Vérifiez votre identité sur la plateforme

La vérification de votre identité est une étape essentielle pour renforcer la confiance des voyageurs. Airbnb propose plusieurs niveaux de vérification, y compris l'ajout d'une pièce d'identité et la validation de votre numéro de téléphone. Plus votre profil est vérifié, plus les voyageurs seront rassurés de savoir qu'ils interagissent avec une personne authentique.

La vérification d'identité est également souvent un critère pour les voyageurs lorsqu'ils choisissent un logement. Par exemple, Louise, une hôte à Saint-Etienne, a remarqué que ses réservations ont augmenté après avoir ajouté une vérification complète de son identité sur son profil. Cette démarche a contribué à donner à ses futurs hôtes une plus grande tranquillité d'esprit.

N'oubliez pas que cette vérification vous protège également en tant qu'hôte, car vous savez que les voyageurs doivent eux aussi fournir des informations vérifiées pour réserver chez vous.

## Obtenez les badges pertinents (ex: adapté aux voyages d'affaires)

Airbnb propose plusieurs badges qui peuvent valoriser votre profil, comme celui de Superhost, qui est attribué aux hôtes offrant un service exceptionnel sur une longue période. D'autres badges, comme "Adapté aux voyages d'affaires", peuvent également attirer une clientèle spécifique, notamment les voyageurs professionnels qui cherchent un hébergement répondant à certains critères de confort et de commodité, comme une connexion Wi-Fi rapide, un espace de travail dédié, ou une arrivée autonome.

Pour obtenir le badge "Adapté aux voyages d'affaires", vous devrez remplir certaines conditions spécifiques, comme proposer des équipements adaptés aux besoins des professionnels et garantir une disponibilité fiable. Benoît, un hôte à Compiègne, a par exemple vu une nette augmentation des réservations en semaine après avoir obtenu ce badge. Il a pris soin de créer un espace de travail confortable et d'installer une connexion Wi-Fi haut débit pour répondre aux attentes des voyageurs d'affaires.

En plus des badges, vous pouvez aussi obtenir des certifications ou des distinctions spécifiques à votre région ou à votre type de logement, ce qui peut vous distinguer davantage des autres hôtes.

En conclusion, optimiser votre profil d'hôte sur Airbnb nécessite une attention particulière aux détails et une présentation authentique. Compléter chaque section du profil, choisir une photo engageante, rédiger une bio chaleureuse, vérifier votre identité, et obtenir les badges pertinents sont autant d'éléments qui contribueront à instaurer la confiance avec vos futurs voyageurs. Un profil optimisé ne se contente pas de vous représenter sous votre meilleur jour, il montre également que vous êtes un hôte sérieux et dévoué, prêt à offrir une expérience de séjour inoubliable.

# Lancez votre activité

Lancer votre activité sur Airbnb est une étape excitante, marquant le début de votre aventure en tant qu'hôte. Après avoir soigneusement préparé votre espace et optimisé votre profil, il est temps d'activer votre annonce, de paramétrer votre calendrier de disponibilité, et de configurer les outils nécessaires pour assurer une gestion fluide et efficace de vos réservations. Ce chapitre vous guidera à travers ces étapes cruciales pour vous assurer un démarrage réussi.

## Activez votre annonce

Une fois que vous avez finalisé tous les détails de votre annonce, il est temps de l'activer pour la rendre visible aux voyageurs potentiels. Cela peut sembler simple, mais il est essentiel de vérifier une dernière fois que tout est en ordre avant de publier. Assurez-vous que toutes les informations clés sont exactes : description du logement, tarifs, règles de maison, et équipements listés.

Emeline, une hôte dans le Morvan, raconte qu'elle a pris l'habitude de relire sa description et de parcourir les photos avant de cliquer sur le bouton "Activer". Lors de cette vérification finale, elle a remarqué une erreur de prix qui aurait pu lui coûter cher si elle avait activé son annonce sans la corriger.

Lorsque vous êtes prêt, cliquez sur "Activer l'annonce". Dès ce moment, votre logement est officiellement en ligne, et vous pourrez commencer à recevoir des demandes de réservation.

## Paramétrez votre calendrier de disponibilité

Votre calendrier de disponibilité est un outil puissant qui vous permet de gérer votre temps et de planifier les séjours de vos invités en fonction de votre propre emploi du temps. En définissant clairement vos disponibilités, vous évitez les conflits de réservation et maintenez un bon équilibre entre vie personnelle et activité d'hôte.

Il est important de bloquer les dates où vous savez que vous ne pourrez pas accueillir de voyageurs. Par exemple, si vous partez en vacances, si vous avez des obligations familiales, ou simplement si vous souhaitez prendre une pause, bloquez ces périodes à l'avance. Cela évitera toute confusion et frustration de la part des voyageurs.

Julien, un hôte dans le Béarn, a appris à bien gérer son calendrier après quelques erreurs. Lors de ses débuts, il a oublié de bloquer une période où il avait un événement familial important, ce qui l'a obligé à refuser une réservation de dernière minute, créant ainsi une déception pour le voyageur et une perte de revenus pour lui. Depuis, il prend soin de mettre à jour régulièrement son calendrier et de planifier en fonction de ses propres besoins.

## Configurez les réservations instantanées (si souhaité)

Airbnb offre la possibilité d'activer les réservations instantanées, une option qui permet aux voyageurs de réserver votre logement sans avoir besoin de votre approbation préalable. Cette fonctionnalité peut attirer plus de voyageurs, notamment ceux qui recherchent une confirmation immédiate, et augmenter ainsi votre taux de réservation.

Cependant, il est important de peser les avantages et les inconvénients de cette option. Si vous préférez avoir un contrôle total sur les personnes qui séjournent chez vous, ou si vous souhaitez pouvoir discuter avec les voyageurs avant d'accepter une réservation, vous pourriez choisir de ne pas activer cette fonctionnalité.

Pour ceux qui optent pour les réservations instantanées, vous pouvez toujours définir certains critères pour filtrer les voyageurs, comme l'exigence d'un profil vérifié ou de bonnes évaluations précédentes. Laura, une hôte à Bayonne, a activé les réservations instantanées après avoir constaté une baisse des demandes de réservation. Elle a toutefois configuré des filtres stricts, exigeant que les voyageurs aient au moins trois avis positifs et un profil entièrement vérifié. Cette stratégie lui a permis d'augmenter ses réservations tout en maintenant un niveau de sécurité et de confort.

## Préparez vos messages d'accueil automatiques

Les messages d'accueil automatiques sont une excellente façon de communiquer efficacement avec vos voyageurs tout en économisant du temps. En préparant des messages prédéfinis pour différentes étapes du processus de réservation, vous assurez une communication fluide et cohérente sans avoir à rédiger manuellement chaque message.

Par exemple, vous pouvez configurer un message automatique pour remercier un voyageur dès qu'il a effectué une réservation, incluant des informations essentielles comme l'adresse du logement, les détails sur l'enregistrement, et les recommandations locales. Un autre message peut être programmé pour être envoyé la veille de l'arrivée, rappelant les consignes d'enregistrement et offrant votre aide pour toute question de dernière minute.

Grégoire, un hôte en Mayenne, utilise cette fonctionnalité avec succès. Il a créé plusieurs modèles de messages : un pour la confirmation de la réservation, un autre pour les détails d'arrivée, et un dernier pour remercier ses invités après leur départ en leur demandant de laisser un avis. Ces messages automatisés lui ont permis de gagner du temps tout en assurant une expérience positive et bien organisée pour ses voyageurs.

En résumé, lancer votre activité sur Airbnb implique de bien préparer chaque aspect technique avant d'accueillir vos premiers voyageurs. En activant votre annonce, en paramétrant votre calendrier de disponibilité, en configurant les réservations instantanées si vous le souhaitez, et en préparant des messages d'accueil automatiques, vous vous assurez une gestion efficace et professionnelle de votre activité d'hôte. Ces étapes, bien exécutées, vous permettront de démarrer sur de bonnes bases et de garantir à vos voyageurs une expérience sans accroc, tout en vous simplifiant la vie.

# Gérez vos premières réservations

Vos premières réservations sont un moment crucial dans votre expérience en tant qu'hôte Airbnb. Elles représentent non seulement l'occasion de générer vos premiers revenus, mais aussi de bâtir une réputation solide sur la plateforme. Gérer ces premières réservations avec soin et professionnalisme vous aidera à éviter les erreurs courantes et à offrir une expérience mémorable à vos invités. Voici les étapes essentielles pour réussir vos débuts.

## Répondez rapidement aux demandes

Lorsque vous recevez une demande de réservation, il est essentiel d'y répondre rapidement. Une réponse rapide montre votre disponibilité et votre engagement envers vos futurs hôtes. De plus, Airbnb valorise les hôtes réactifs, ce qui peut améliorer votre positionnement dans les résultats de recherche.

Louane, une hôte à Tours, partage son expérience : "Au début, j'avais tendance à vérifier mes messages seulement le soir. J'ai vite réalisé que cela pouvait faire perdre des réservations. Maintenant, j'ai activé les notifications sur mon téléphone, et je réponds généralement dans l'heure qui suit. Les voyageurs apprécient cette réactivité et ça m'a permis d'obtenir plus de réservations."

Vous pouvez également utiliser des messages pré-rédigés pour répondre rapidement aux demandes courantes, tout en personnalisant les détails pour chaque voyageur. Cela vous permet de gagner du temps tout en maintenant un contact personnalisé.

## Communiquez clairement avec les voyageurs

Une communication claire est la clé d'une relation positive avec vos voyageurs. Dès le premier contact, soyez transparent sur les détails de la réservation, les règles de la maison, et les attentes que vous avez envers vos hôtes. Cela évite les malentendus et permet aux voyageurs de se sentir en confiance.

Housnia, hôte à Strasbourg, conseille : "Je m'assure toujours que mes invités savent à quoi s'attendre. Je leur envoie un message récapitulatif avec toutes les informations importantes : l'heure d'arrivée, les consignes pour les clés, le Wi-Fi, et les règles de la maison. Ça crée un climat de confiance dès le départ."

N'hésitez pas à poser des questions à vos futurs hôtes pour mieux comprendre leurs besoins et leurs attentes. Par exemple, demandez s'ils ont des préférences alimentaires, s'ils prévoient d'arriver tard, ou s'ils ont besoin d'informations spécifiques sur la région. Cette attention aux détails peut faire toute la différence.

# Préparez un accueil chaleureux

L'accueil que vous réservez à vos voyageurs est l'une des premières impressions qu'ils auront de votre logement et de vous en tant qu'hôte. Un accueil chaleureux mettra vos invités à l'aise et leur donnera envie de revenir ou de vous recommander.

Considérez l'accueil comme une occasion de surprendre agréablement vos hôtes. Quelques attentions simples peuvent avoir un grand impact. Par exemple, vous pourriez offrir une boisson locale, des brochures sur les attractions touristiques proches, ou encore un petit mot de bienvenue personnalisé.

Denis, un hôte à Genève, a créé une routine d'accueil qui fait toujours son effet : "Je suis toujours présent pour accueillir mes invités, même s'ils arrivent tard. Je leur fais faire le tour du logement en leur expliquant chaque détail, puis je leur offre un petit panier de bienvenue avec des produits locaux. Ça les met tout de suite à l'aise, et ils se sentent bienvenus."

Si vous ne pouvez pas être présent physiquement, assurez-vous que vos instructions d'arrivée soient claires et faciles à suivre. Un accueil bien préparé, même à distance, contribue à une expérience positive.

## Assurez-vous que tout est parfait pour le séjour

Avant l'arrivée de vos hôtes, prenez le temps de vérifier que tout est en ordre dans votre logement. Chaque détail compte pour offrir un séjour impeccable, de la propreté des lieux à la disponibilité des équipements annoncés dans votre annonce.

Faites une dernière vérification des installations : eau chaude, chauffage ou climatisation, éclairage, et connexion Wi-Fi. Assurez-vous que tout fonctionne correctement. Vérifiez également que la literie est propre et confortable, que les serviettes sont fraîches, et que les produits de toilette sont en quantité suffisante.

Nadège, hôte à Nice, souligne l'importance de cette étape : "J'ai une liste de contrôle que je passe en revue avant chaque arrivée. Un jour, j'ai découvert qu'une ampoule avait grillé dans la salle de bain juste avant l'arrivée des invités. Heureusement, j'avais prévu une vérification de dernière minute et j'ai pu la remplacer à temps. Ça m'a évité un avis négatif et les invités ont été ravis."

En plus de l'état du logement, pensez à anticiper les besoins de vos hôtes en fournissant des informations pratiques sur les transports locaux, les commerces, et les restaurants à proximité. Un guide d'accueil personnalisé peut être un excellent moyen de les informer tout en leur montrant que vous avez pensé à leur confort.

En conclusion, bien gérer vos premières réservations sur Airbnb est une question de réactivité, de communication claire, d'accueil chaleureux, et d'attention aux détails. En suivant ces étapes, vous maximiserez les chances de créer une expérience inoubliable pour vos invités, tout en posant les bases solides de votre réputation en tant qu'hôte. Les premiers avis que vous recevrez seront déterminants pour la suite de votre aventure sur Airbnb, alors n'hésitez pas à donner le meilleur de vous-même dès le départ.

# Offrez une expérience mémorable

Pour vous démarquer en tant qu'hôte sur Airbnb, il ne suffit pas seulement de fournir un logement propre et confortable. Ce qui fait vraiment la différence, c'est la qualité de l'expérience que vous offrez à vos hôtes. Voici comment transformer un simple séjour en une expérience mémorable.

## Soyez disponible et attentif

La disponibilité est l'un des aspects les plus appréciés par les voyageurs. Ils aiment savoir qu'ils peuvent compter sur vous en cas de besoin, sans pour autant sentir que vous êtes envahissant. Trouver le bon équilibre est essentiel.

Prenez l'exemple de Laurent, hôte à Rodez : "Je me rends toujours disponible pour répondre aux questions de mes invités, que ce soit par téléphone ou via l'application. Mais je fais aussi en sorte de respecter leur espace. Une fois, un couple m'a contacté tard le soir car ils ne parvenaient pas à allumer le chauffage. J'ai pu les guider par téléphone en quelques minutes, et ils ont été ravis de ma réactivité. Leur avis positif reflétait cette petite attention."

Vous pouvez également anticiper les besoins de vos hôtes en envoyant un message de bienvenue le jour de leur arrivée, leur proposant de répondre à toutes leurs questions. Un simple "N'hésitez pas à me contacter si vous avez besoin de quoi que ce soit" peut les rassurer et créer un lien de confiance.

## Fournissez des informations locales utiles

L'un des grands avantages de séjourner chez un habitant est d'accéder à des conseils locaux authentiques. En tant qu'hôte, vous avez l'opportunité d'enrichir le séjour de vos invités en leur offrant des recommandations sur les activités, les restaurants, et les sites à visiter.

Élise, une hôte à Rennes, partage : "J'ai créé un petit guide avec mes coups de cœur dans le quartier : les meilleurs cafés, les marchés locaux, et même des itinéraires pour des balades à pied ou à vélo. Les invités me remercient souvent pour ces suggestions, car elles leur permettent de découvrir la ville sous un autre angle."

N'hésitez pas à aller plus loin en proposant des expériences personnalisées en fonction des centres d'intérêt de vos invités. Par exemple, si vous recevez des amateurs de cuisine, recommandez-leur des ateliers culinaires locaux ou des visites de marchés. Pour les passionnés de culture, suggérez des musées ou des expositions temporaires.

Ces petites attentions montrent que vous vous souciez réellement de l'expérience de vos hôtes, ce qui peut grandement améliorer leur séjour.

# Respectez l'intimité de vos hôtes

Le respect de l'intimité est primordial pour offrir une expérience agréable. Les voyageurs, bien que souhaitant parfois interagir avec leur hôte, apprécient aussi d'avoir leur propre espace pour se détendre et se reposer.

Il est important de trouver le bon moment pour interagir avec vos invités, tout en respectant leur désir d'intimité. Par exemple, évitez de passer à l'improviste pendant leur séjour. Si vous devez entrer dans l'espace qu'ils occupent (pour un entretien ou une réparation), assurez-vous de les en informer à l'avance et de leur demander leur consentement.

Un témoignage de Nadia, hôte à Guérande, illustre cette importance : "J'ai eu une famille qui restait une semaine. Je les ai rencontrés à leur arrivée et leur ai donné toutes les informations nécessaires. Ensuite, je les ai laissés profiter de leur séjour, tout en restant disponible par message. Ils ont beaucoup apprécié le fait que je ne sois pas intrusive et qu'ils aient leur propre espace."

En respectant cette intimité, vous offrez à vos invités un cadre où ils se sentent chez eux, ce qui les incite à revenir ou à recommander votre logement à d'autres voyageurs.

## Gérez efficacement les situations imprévues

Aussi bien préparé que vous puissiez être, il est inévitable que des situations imprévues se produisent. La manière dont vous les gérez peut soit renforcer la confiance de vos hôtes, soit les décevoir.

La clé pour gérer ces situations est la réactivité et la transparence. Si un problème survient, comme une panne d'équipement ou un bruit inattendu dans le voisinage, informez vos hôtes immédiatement et proposez une solution rapide.

Malek, hôte dans le Pays Bigouden, se souvient : "Une fois, le chauffe-eau est tombé en panne le matin même de l'arrivée des invités. J'ai tout de suite contacté un plombier et j'ai informé les voyageurs du problème. En attendant la réparation, je leur ai proposé d'utiliser une salle de bain d'appoint dans une autre partie du bâtiment. Ils ont été compréhensifs et ont apprécié que je sois transparent et réactif."

Il est également utile de prévoir un plan B pour les situations plus complexes, comme un logement de remplacement en cas de problème majeur ou une compensation financière si le séjour ne peut pas se dérouler comme prévu.

La manière dont vous gérez ces situations montre votre professionnalisme et votre engagement envers vos hôtes, et peut transformer une expérience potentiellement négative en une expérience positive grâce à votre capacité à réagir rapidement et de manière appropriée.

En offrant une expérience mémorable, en étant disponible et attentif, en fournissant des informations locales utiles, en respectant l'intimité de vos hôtes, et en gérant efficacement les situations imprévues, vous maximiserez la satisfaction de vos invités. Ces éléments sont la clé pour bâtir une solide réputation sur Airbnb et pour fidéliser vos hôtes, qui seront plus enclins à laisser des avis positifs et à recommander votre logement.

# Collectez et gérez les avis

Les avis des voyageurs sont un pilier central de votre succès sur Airbnb. Ils influencent directement la confiance que de futurs hôtes auront en vous et peuvent faire la différence entre une réservation confirmée et une opportunité manquée. Gérer les avis efficacement est donc essentiel pour pérenniser votre activité.

## Encouragez les voyageurs à laisser des avis

Les avis positifs sont une forme de validation sociale qui peut fortement encourager d'autres voyageurs à réserver chez vous. Cependant, tous les voyageurs ne laissent pas spontanément des avis, même après une expérience agréable. Il est donc utile de les y encourager de manière subtile mais proactive.

Un exemple concret est celui de Sarah, une hôte dans le Cotentin : "Après le départ de mes invités, j'envoie toujours un message de remerciement, en leur disant combien j'ai apprécié les recevoir et en leur demandant gentiment de laisser un avis s'ils ont apprécié leur séjour. Je leur dis aussi que leurs retours m'aident à améliorer mon service pour de futurs voyageurs."

Il est important que cette demande soit formulée de manière positive et non pressante. Un simple message comme : "Votre retour me serait très précieux, n'hésitez pas à laisser un avis sur votre expérience, cela aide énormément les futurs voyageurs à choisir leur logement" peut suffire à déclencher une réponse positive.

## Répondez à tous les commentaires de manière professionnelle

Répondre aux avis, qu'ils soient positifs ou négatifs, montre que vous êtes un hôte engagé et attentif. Une réponse appropriée peut renforcer la satisfaction des invités et montrer aux futurs voyageurs que vous prenez leur expérience au sérieux.

Pour les avis positifs, remerciez chaleureusement vos invités et soulignez que vous seriez ravi de les accueillir à nouveau. Par exemple : "Merci beaucoup pour votre retour positif, Céline ! Je suis ravi que vous ayez apprécié votre séjour chez moi. Vous êtes toujours les bienvenus si vous revenez à Paris."

Pour les avis négatifs, une approche plus nuancée est nécessaire. Même si la critique est injustifiée, il est important de rester courtois et de montrer que vous prenez les commentaires au sérieux. Reconnaissez le problème, excusez-vous si nécessaire, et proposez une solution ou une explication. Cela peut transformer une critique en une opportunité de démontrer votre professionnalisme.

Prenons le cas de Jean, hôte à Auch : "Un invité s'est plaint d'un bruit venant de la rue. J'ai répondu en m'excusant pour l'inconfort, en expliquant que le quartier était généralement calme, mais qu'il y avait eu une fête exceptionnelle ce soir-là. J'ai aussi proposé une réduction pour une future réservation. Finalement, l'invité a modifié son avis pour le rendre plus positif."

## Utilisez les retours pour vous améliorer constamment

Les avis, qu'ils soient positifs ou négatifs, sont une mine d'or d'informations sur ce que vous faites bien et sur ce que vous pourriez améliorer. Plutôt que de les considérer uniquement comme une fin en soi, utilisez-les comme un outil pour affiner et perfectionner votre offre.

Analysez régulièrement les retours pour identifier des tendances ou des récurrences. Par exemple, si plusieurs invités mentionnent que le matelas est inconfortable, il pourrait être temps d'investir dans un nouveau lit. Si des voyageurs soulignent que la cuisine manque d'ustensiles de base, vous saurez exactement quoi ajouter pour rendre leur expérience meilleure.

Myriam, hôte à Ostende, partage : "J'ai remarqué que plusieurs avis mentionnaient que la salle de bain manquait de crochets pour les serviettes. J'ai immédiatement installé des porte-serviettes supplémentaires. Depuis, les avis ont souligné cette amélioration, ce qui a clairement eu un impact positif sur les réservations."

## Gérez les avis négatifs avec tact

Les avis négatifs peuvent être déstabilisants, mais ils ne doivent pas être perçus comme une attaque personnelle. Au contraire, ils sont une occasion de montrer votre capacité à gérer les situations difficiles avec maturité et professionnalisme.

Il est essentiel de répondre rapidement aux avis négatifs, sans se précipiter pour autant. Prenez le temps de comprendre la critique, réfléchissez à une réponse adaptée, puis répondez avec calme et empathie. Montrez que vous comprenez la frustration de votre invité et, si possible, proposez une solution ou une compensation.

Par exemple, si un voyageur se plaint du bruit, vous pourriez répondre : "Je suis désolé d'apprendre que le bruit a perturbé votre séjour. Je comprends combien cela peut être désagréable. J'ai pris des mesures pour améliorer l'insonorisation et pour informer les prochains invités de ce potentiel inconvénient. Je vous remercie pour votre retour, qui m'aide à offrir une meilleure expérience à l'avenir."

Dans certains cas, si l'avis est particulièrement injuste ou incorrect, vous pouvez aussi contacter Airbnb pour voir s'il est possible de le faire retirer, surtout s'il enfreint les règles de la plateforme. Cependant, cela doit être fait avec précaution et uniquement si vous avez des preuves solides pour étayer votre demande.

En gérant les avis négatifs de manière professionnelle, vous renforcez votre crédibilité et montrez aux futurs voyageurs que vous êtes un hôte sérieux, capable de gérer les situations difficiles avec compétence et courtoisie. Cela peut non seulement atténuer l'impact d'un avis négatif, mais aussi améliorer votre réputation sur le long terme.

# Optimisez et développez votre activité

Une fois que vous avez lancé votre activité Airbnb et commencé à accueillir des voyageurs, il est essentiel de ne pas vous reposer sur vos lauriers. Pour maximiser vos revenus et offrir une expérience exceptionnelle à vos hôtes, il est crucial d'optimiser continuellement votre offre et de développer votre activité. Voici comment procéder de manière concrète et efficace.

## Analysez vos performances régulièrement

L'analyse régulière de vos performances vous permet d'identifier ce qui fonctionne bien et ce qui pourrait être amélioré. Pour cela, vous devez suivre plusieurs indicateurs clés : le taux d'occupation, les revenus mensuels, les avis des voyageurs, et le taux de retour des clients.

Utilisez les outils d'analyse fournis par Airbnb pour surveiller ces indicateurs. Par exemple, si vous remarquez que votre taux d'occupation diminue, cela pourrait indiquer un problème avec vos tarifs, votre annonce, ou la qualité de l'accueil. N'hésitez pas à comparer vos performances avec celles d'autres hôtes dans votre région pour vous situer par rapport à la concurrence.

Solange, une hôte en Maurienne, a vu ses réservations chuter de 15 % au cours de l'été. En analysant ses performances, elle a constaté que ses tarifs étaient légèrement plus élevés que ceux de ses concurrents et que la description de son annonce n'avait pas été mise à jour depuis un moment. Après avoir ajusté ses tarifs et rafraîchi son annonce, elle a rapidement retrouvé un taux d'occupation élevé.

## Ajustez vos tarifs et votre offre en fonction de la demande

La flexibilité est la clé pour maximiser vos revenus sur Airbnb. Les prix fixes ne sont pas toujours adaptés aux fluctuations de la demande. En période de forte affluence touristique, comme pendant les vacances scolaires ou lors d'événements locaux, vous pouvez augmenter vos tarifs pour maximiser vos gains. À l'inverse, en basse saison, ajuster vos prix à la baisse peut vous permettre de maintenir un bon taux d'occupation.

De plus, vous pouvez ajuster votre offre en fonction des attentes des voyageurs. Par exemple, si vous remarquez que les voyageurs recherchent de plus en plus de séjours longue durée, vous pourriez envisager d'offrir des réductions pour des réservations d'une semaine ou plus. De même, si la demande pour des séjours avec petit-déjeuner inclus augmente, vous pouvez décider de proposer ce service en option.

Florin, un hôte à Brest, a mis en place un tarif spécial pour les séjours de plus de 7 jours, ce qui lui a permis d'attirer des voyageurs qui planifiaient des séjours prolongés dans la région. Grâce à cette stratégie, il a augmenté son taux d'occupation de 10 % durant la basse saison.

## Visez le statut de Superhost

Le statut de Superhost sur Airbnb est un gage de qualité et de fiabilité pour les voyageurs. Pour atteindre ce statut, vous devez répondre à certains critères, comme un taux de réponse de 90 % ou plus, un taux d'annulation inférieur à 1 %, et une note moyenne de 4,8 étoiles minimum.

Devenir Superhost vous permet d'accéder à plus de visibilité sur la plateforme, ce qui peut se traduire par plus de réservations et des revenus accrus. Pour cela, il est important de maintenir un haut niveau de service en répondant rapidement aux demandes, en offrant une expérience irréprochable, et en gérant les avis de manière proactive.

Claire, qui loue une chambre dans son appartement à Paris, a réussi à obtenir le statut de Superhost en se concentrant sur l'amélioration continue de son service. Elle a mis un point d'honneur à répondre aux messages dans l'heure, à accueillir ses hôtes personnellement, et à s'assurer que chaque détail de leur séjour était parfait. Ce statut lui a permis de doubler ses réservations en moins de six mois.

## Envisagez d'étendre votre offre (expériences, autres espaces)

Une fois que vous maîtrisez la location de votre chambre, pourquoi ne pas aller plus loin et diversifier votre activité ? Airbnb offre la possibilité de proposer des expériences, comme des visites guidées, des ateliers culinaires, ou des randonnées, ce qui peut être un excellent moyen d'augmenter vos revenus et de partager votre passion avec vos voyageurs.

De plus, si vous disposez d'autres espaces sous-utilisés, comme un garage aménagé ou une dépendance, vous pouvez les mettre en location pour attirer un nouveau segment de clientèle. Cette diversification de votre offre peut vous permettre de maximiser l'utilisation de votre propriété et d'augmenter significativement vos revenus.

Paul, propriétaire d'une maison dans le sud de la France, a commencé par louer une chambre d'amis. Après avoir constaté le succès de son activité, il a décidé de rénover un petit studio attenant à sa maison pour le mettre en location. Parallèlement, il a commencé à proposer des cours de cuisine provençale, une expérience qu'il offre à ses hôtes. Grâce à ces initiatives, il a triplé ses revenus en un an et demi.

En développant et en optimisant constamment votre activité sur Airbnb, vous vous assurez non seulement de maximiser vos revenus, mais aussi d'offrir une expérience exceptionnelle à vos hôtes, qui n'hésiteront pas à recommander votre logement et à revenir pour de futurs séjours.

# Gérez les aspects financiers et légaux

Lorsque vous louez votre chambre sur Airbnb, une gestion rigoureuse des aspects financiers et légaux est essentielle pour assurer la pérennité de votre activité. Négliger ces aspects peut entraîner des problèmes sérieux, allant de pénalités financières à des complications légales. Voici comment gérer efficacement ces éléments clés, en veillant à la précision et à la conformité à chaque étape.

## Tenez une comptabilité précise

Une gestion financière précise est la pierre angulaire de toute activité de location. Que vous louiez une chambre occasionnellement ou que vous ayez développé une véritable activité de location, tenir une comptabilité rigoureuse vous permet non seulement de suivre vos revenus et dépenses, mais aussi de prévoir vos charges et d'optimiser votre fiscalité.

Pour commencer, il est important de distinguer vos revenus issus de la location de ceux provenant d'autres sources. Utilisez un logiciel de comptabilité ou même une feuille de calcul pour enregistrer chaque transaction liée à votre activité Airbnb : paiements des voyageurs, frais de ménage, commissions d'Airbnb, dépenses liées à l'entretien du logement, etc. Conserver tous vos justificatifs (factures, reçus) est également crucial en cas de contrôle fiscal.

Julien, qui loue un appartement à Bordeaux, a rapidement compris l'importance de tenir une comptabilité précise après avoir rencontré des difficultés lors de sa première déclaration fiscale. Depuis, il utilise un logiciel de comptabilité qui lui permet de centraliser toutes ses données financières et de générer des rapports clairs pour sa déclaration de revenus. Cette rigueur lui a permis non seulement de mieux gérer ses finances, mais aussi d'anticiper ses obligations fiscales et d'éviter des surprises désagréables.

## Déclarez vos revenus correctement

En France, les revenus tirés de la location de votre chambre sur Airbnb doivent être déclarés à l'administration fiscale. Ne pas le faire peut vous exposer à des amendes ou à d'autres sanctions. Selon le montant de vos revenus locatifs, vous devrez peut-être choisir entre différents régimes fiscaux : le régime micro-foncier ou le régime réel.

Le régime micro-foncier est souvent le plus simple pour les particuliers louant une chambre de façon occasionnelle. Il permet un abattement forfaitaire sur les revenus locatifs, simplifiant ainsi la déclaration. En revanche, si vous avez des charges importantes à déduire (travaux, intérêts d'emprunt), le régime réel peut s'avérer plus avantageux, bien qu'il nécessite une gestion comptable plus complexe.

Par exemple, Isabella, une hôte dans le Roussillon, a décidé de passer au régime réel après avoir réalisé que les travaux de rénovation qu'elle avait entrepris pour sa chambre d'hôte représentaient une part importante de ses dépenses. Grâce à ce régime, elle a pu déduire ces frais de ses revenus locatifs, réduisant ainsi son impôt sur le revenu.

## Souscrivez une assurance adéquate

Bien que Airbnb offre une certaine couverture d'assurance, celle-ci peut ne pas suffire dans toutes les situations. Il est donc recommandé de souscrire une assurance complémentaire spécifiquement adaptée à la location de courte durée. Cette assurance doit couvrir les dommages matériels, la responsabilité civile, ainsi que les éventuels litiges avec les voyageurs.

Assurez-vous que votre contrat d'assurance habitation est compatible avec l'activité de location. Certaines polices excluent en effet les sinistres survenus dans le cadre de locations temporaires. Informer votre assureur de votre activité est crucial pour vous assurer une couverture adéquate.

Catherine, qui loue une chambre dans sa maison en Normandie, a eu une mauvaise surprise lorsque sa compagnie d'assurance a refusé de couvrir un dégât des eaux causé par un locataire. Depuis, elle a souscrit une assurance spécifique pour les locations temporaires, qui couvre non seulement les dommages matériels, mais aussi les éventuels litiges avec les voyageurs. Cette protection lui apporte une tranquillité d'esprit inestimable.

## Restez informé des évolutions réglementaires

La législation concernant la location de courte durée évolue régulièrement, et il est essentiel de rester informé des nouvelles régulations pour éviter toute infraction. Les règles peuvent varier selon les villes, certaines ayant mis en place des restrictions spécifiques pour limiter les locations touristiques. Par exemple, à Paris, la location d'une résidence principale ne peut excéder 120 jours par an.

Pour être sûr de respecter la législation, consultez régulièrement les sites des administrations locales ou abonnez-vous à des newsletters spécialisées. N'hésitez pas à vous rapprocher de votre mairie pour vérifier que votre activité est conforme aux réglementations en vigueur.

Tomaso, un hôte à Ciboure, a été contraint de modifier son activité de location après l'entrée en vigueur de nouvelles régulations limitant le nombre de jours de location par an dans sa ville. En restant vigilant et en adaptant rapidement son offre, il a pu continuer à louer son bien en toute légalité sans subir de sanctions.

En conclusion, une gestion efficace des aspects financiers et légaux de votre activité Airbnb vous permettra de maximiser vos revenus tout en évitant les ennuis. Une comptabilité précise, une déclaration correcte de vos revenus, une assurance adéquate et une vigilance constante face aux évolutions réglementaires sont les clés pour pérenniser et développer sereinement votre activité.

# Maintenez l'équilibre travail-vie personnelle

Lorsque vous gérez une activité de location sur Airbnb, il est facile de se laisser absorber par les tâches quotidiennes et les attentes des voyageurs. Cependant, pour éviter l'épuisement et préserver votre bien-être, il est crucial de maintenir un équilibre sain entre votre travail de gestionnaire et votre vie personnelle. Voici quelques stratégies pour y parvenir, avec des exemples concrets pour vous guider.

## Établissez des limites claires

La première étape pour préserver votre équilibre consiste à établir des limites claires entre votre activité Airbnb et votre vie privée. Cela inclut non seulement des limites physiques, comme séparer les espaces personnels et les espaces dédiés aux voyageurs, mais aussi des limites temporelles. Définissez des horaires précis pour répondre aux messages, gérer les réservations, et accomplir les tâches liées à la location. En dehors de ces plages horaires, essayez de déconnecter complètement de votre activité pour vous concentrer sur vos loisirs, votre famille, ou tout autre aspect de votre vie personnelle.

Par exemple, Pauline, qui loue un appartement à Marseille, a mis en place une règle simple : elle ne consulte ses messages Airbnb qu'entre 8 h et 18 h. En dehors de ces heures, elle consacre son temps à ses activités personnelles, ce qui lui permet de maintenir un équilibre sain et de rester disponible pour ses proches.

## Automatisez ce qui peut l'être

L'automatisation est un excellent moyen de réduire votre charge de travail tout en maintenant un service de qualité pour vos voyageurs. De nombreuses plateformes, y compris Airbnb, offrent des outils pour automatiser certaines tâches courantes, comme l'envoi de messages de bienvenue, les rappels avant l'arrivée des voyageurs, ou encore les instructions pour le départ. En automatisant ces processus, vous réduisez non seulement le temps que vous y consacrez, mais vous vous assurez également que les informations sont communiquées de manière cohérente et sans oubli.

Abdel, hôte dans le Lyonnais, utilise les fonctionnalités d'automatisation d'Airbnb pour envoyer des messages standardisés aux voyageurs à chaque étape de leur séjour. Par exemple, un jour avant leur arrivée, un message automatique est envoyé avec des instructions précises pour l'accès à l'appartement. Grâce à cela, il a pu se libérer du temps pour se concentrer sur d'autres aspects de son activité et de sa vie personnelle, sans compromettre la qualité de son service.

## Prévoyez des périodes de non-disponibilité

Même si votre activité de location est florissante, il est important de prévoir des périodes où vous serez indisponible pour accueillir des voyageurs. Ces périodes de repos sont essentielles pour vous ressourcer et éviter le burn-out. Vous pouvez simplement bloquer certaines dates sur votre calendrier Airbnb pour vous accorder des vacances, des week-ends prolongés, ou simplement du temps libre pour vous détendre.

Sophie, qui loue une maison en Provence, a décidé de bloquer une semaine chaque trimestre pour partir en vacances et se déconnecter complètement de son activité Airbnb. Pendant ces périodes, elle ne prend aucune réservation et déconnecte ses notifications, ce qui lui permet de revenir avec une énergie renouvelée et un regard frais sur son activité.

## Évaluez régulièrement votre satisfaction personnelle

Enfin, il est essentiel d'évaluer régulièrement votre satisfaction personnelle par rapport à votre activité de location.

Posez-vous des questions comme : « Suis-je toujours enthousiaste à l'idée d'accueillir des voyageurs ? » ou « L'activité Airbnb affecte-t-elle ma vie personnelle ou ma santé mentale ? ». Si vous commencez à ressentir de la fatigue, de la frustration, ou une baisse d'enthousiasme, il est peut-être temps d'ajuster votre approche ou de prendre un peu de recul.

Evelyne, une hôte à Rochefort, a remarqué qu'après deux ans d'activité intense, elle commençait à ressentir du stress et une certaine lassitude. Pour y remédier, elle a décidé de réduire légèrement le nombre de réservations qu'elle accepte chaque mois, ce qui lui a permis de retrouver du plaisir dans l'accueil des voyageurs et de mieux équilibrer son temps entre sa vie professionnelle et personnelle.

Maintenir un équilibre travail-vie personnelle en tant qu'hôte Airbnb nécessite une gestion proactive de votre temps et de vos priorités. En établissant des limites claires, en automatisant ce qui peut l'être, en planifiant des périodes de repos, et en évaluant régulièrement votre bien-être, vous pouvez éviter l'épuisement et continuer à offrir une expérience de qualité tout en préservant votre propre équilibre et satisfaction.

# CONCLUSION

Vous voilà au terme de ce guide complet pour réussir la location de votre chambre sur Airbnb. Au fil des pages, nous avons exploré les nombreuses facettes de cette activité, depuis l'idée initiale de rentabiliser un espace sous-utilisé jusqu'aux stratégies pour offrir une expérience mémorable à vos voyageurs et gérer les aspects financiers et légaux de votre activité.

Louer une chambre sur Airbnb n'est pas simplement une façon de générer un revenu complémentaire; c'est une aventure humaine enrichissante qui vous permet de développer de nouvelles compétences, de rencontrer des personnes venues des quatre coins du monde, et de valoriser votre patrimoine immobilier. Mais c'est aussi une responsabilité qui exige organisation, attention aux détails, et une gestion rigoureuse.

En appliquant les conseils pratiques et les stratégies partagés dans ce livre, vous avez désormais toutes les clés en main pour transformer votre espace inutilisé en une source de revenus substantielle, tout en créant des expériences inoubliables pour vos hôtes. Que vous soyez au début de votre parcours ou déjà un hôte expérimenté, ces connaissances vous aideront à optimiser votre activité et à la faire évoluer avec succès.

N'oubliez pas que l'équilibre entre votre activité et votre vie personnelle est essentiel pour rester épanoui dans cette aventure. Prenez le temps de vous ressourcer, d'automatiser ce qui peut l'être, et d'évaluer régulièrement votre satisfaction. Ce faisant, vous vous assurerez non seulement de continuer à offrir un service de qualité, mais aussi de conserver le plaisir et la motivation qui font de cette expérience une réussite.

Alors, que vous ayez décidé de vous lancer dans l'accueil de voyageurs occasionnellement ou de faire de cette activité une véritable source de revenus, rappelez-vous que chaque rencontre, chaque échange, chaque nouvelle expérience enrichit non seulement votre portefeuille, mais aussi votre vie.

Bonne chance dans votre aventure Airbnb, et que vos portes s'ouvrent à de belles rencontres et à de nombreuses opportunités.

www.ingramcontent.com/pod-product-compliance
Lightning Source LLC
Chambersburg PA
CBHW070345230526
45471CB00006B/2434